Bleu comme l'espoir

Quand il était petit, **Mikaël Ollivier** aimait bien qu'on lui raconte des histoires. Maintenant qu'il est grand, il adore les inventer. Au point d'en avoir fait son métier : il écrit des romans, mais aussi des films pour la télévision et le cinéma.

ISBN 979-10-352-0333-7

Loi n° 49-956 du 16 juillet 1949
sur les publications destinées à la jeunesse

Éditrice : Charline Vanderpoorte
Assistante d'édition : Juliette Gaillard
Design couverture et maquette intérieure : Florie Briand

Mikaël Ollivier

Bleu comme l'espoir

roman

– Nous n'abîmerons pas Mars,
c'est un monde trop vaste et trop avantageux.
– Vous croyez ? Nous autres, les Terriens, avons le
don d'abîmer les belles et grandes choses.

Chroniques martiennes – Ray Bradbury

1

Le garçon ouvre les yeux.
Il lui faut quelques secondes
pour comprendre
ce qui est en train de se passer.
L'alarme s'est déclenchée.
L'ordinateur de bord a ordonné
son réveil.
Le sarcophage s'ouvre
avec un bruit d'aspiration.
L'air a un goût de fer

et de caoutchouc.
La salle de réveil est toute de métal
et de tuyaux, vision qui ramène
le garçon à la réalité. Il sait
qu'il ne doit pas se précipiter.
Comme on le lui a appris
lors de sa formation, il ferme
les yeux pour s'habituer au retour
de l'oxygène dans ses poumons
et compte dans sa tête.
Quand assez de temps est passé,
il se redresse sur sa couchette.
Il regarde ses mains,
fait bouger ses doigts, s'étire
et reprend, petit à petit,
conscience de son corps.

Il pense aussitôt à sa planète,
qu'il a quittée depuis…

Depuis combien de temps ?

À peine a-t-il mentalement
formulé cette question
que l'ordinateur lui fournit
la réponse.

3 789 ans.

Le garçon ne peut le croire.
Mais l'information est aussitôt
confirmée : l'engin à bord duquel
il a été cryogénisé
a quitté la planète-mère
il y a 3 789 années, 3 mois,
7 jours, 9 heures et 12 minutes.

2

Le garçon est pris de vertige.
Qu'il ait dormi
plus de trois mille sept cents ans
est inimaginable.
Il sait bien que « dormir »
n'est pas le bon verbe. On ne dort pas
quand on est cryogénisé.
Pas de rêve,
aucune fonction cérébrale ;
c'est la vie mise entre parenthèses.

Il pensait être « mis sur pause »
pour quelques années,
pas pour plus de trois mille !...
C'est trop. Trop grand, trop long ;
une durée inhumaine,
qui ressemble à la mort
et qui lui fait peur après coup.

Qu'est devenu son monde
pendant tout ce temps ?...
Qu'est devenue sa planète ?...
Les siens sont forcément tous morts
depuis des milliers d'années !
Ses parents, ses frères et sœurs,
ses amis à l'exception des huit garçons
et filles qui, comme lui, viennent
d'être réanimés par l'ordinateur de bord.

L'alarme se tait enfin,
et c'est le silence
dans le vaisseau spatial.

Le garçon se souvient de sa fierté
et de celle de sa famille
quand il a été retenu
pour faire partie de la mission.
Il se souvient également des adieux
que les enfants, quatre-vingts en tout,
à travers sept pays
et quatre continents, avaient dû faire
le jour du grand départ.
Les drapeaux, la musique,
les discours, l'euphorie, l'espoir.
Il se souvient des larmes aussi.

Comment avait-on pu
en arriver là ?...
Comment, malgré
les mises en garde des scientifiques
et la révolte des jeunes générations,
avait-on pu épuiser les ressources
de la planète-mère
et la rendre inhospitalière ?
Comment des dirigeants
en étaient-ils arrivés à confier
le destin d'un monde
à des enfants répartis en dix vaisseaux
envoyés dans l'espace,
dans dix directions différentes,
à la recherche
d'un hypothétique refuge ?

Quarante filles et quarante garçons lancés à de folles vitesses dans le vide intersidéral pendant que les dix ordinateurs de bord sondent le néant, programmés pour déclencher l'alarme et réveiller les enfants s'ils repèrent en chemin une planète habitable.

Est-ce donc ce qui vient de se passer ? Une planète-refuge est-elle enfin en vue après plus de 3 789 ans d'errance ?...

Il n'est plus temps de s'attarder sur le passé ni de se lamenter. Le garçon, conscient de l'importance

de sa mission, qui n'est autre
que la survie de son espèce,
se lève et actionne l'ouverture
du sas menant
à la salle de contrôle.
D'autres enfants s'y trouvent déjà.

3

Pas de sourires, d'embrassades
ni de joie. Ces retrouvailles
n'en sont pas. Ces 3 789 années
sont passées dans
une totale inconscience.
Les huit enfants se retrouvent
comme s'ils venaient de se quitter
alors même qu'ils ont entre-temps
parcouru des milliards de milliards
de kilomètres et atteint

un système stellaire
qui leur est inconnu.

Toutes et tous sont traversés
du même espoir
et des mêmes questions :
« Où sommes-nous ? En approche
de quelle planète ?
Est-elle réellement habitable ?... »

Le garçon s'avance
vers le grand hublot. Dehors,
c'est le noir profond de l'espace,
piqué de millions d'étoiles.
Le vaisseau file vers l'une d'elles,
plus grosse car plus proche,
identique en apparence

à celle de son monde abandonné,
cette boule de feu familière
autour de laquelle tournait sa planète,
qui se levait le matin à l'horizon,
réchauffait la peau, les plantes
et la terre, et se couchait le soir.

Le garçon pense alors à son père
et à sa mère, à ses deux frères
et à sa sœur. Les images du passé
se bousculent. Il revoit
leur appartement, leur tour,
son école, sa chambre. Il repense
aussi à la maison de son grand-père
et de son second mari,
au bord du lac dans lequel
il a appris à nager. Il se souvient

que les deux hommes aimaient
lui raconter leur enfance,
bien avant le grand réchauffement,
quand il y avait encore des arbres
autour du lac et des poissons dedans,
des fleurs dans les jardins
et des insectes pour les butiner,
de la neige en hiver, de la pluie
même l'été, et de l'air
qui ne faisait pas tousser.

L'ordinateur de bord le ramène
au présent.

Les premières informations
sur leur destination
tombent enfin.

Le garçon et les sept autres enfants
se concentrent.

Ils sont en approche
d'une planète tellurique
d'une superficie de 510 millions
de km^2, d'un volume
de 1 083 milliards de km^3
et entourée d'une atmosphère
composée d'argon, de dioxyde
de carbone, d'eau, de 75 % d'azote
et de 21 % d'oxygène.

Les enfants échangent
des regards brillants d'espoir
à cette dernière donnée :
21 % d'oxygène, c'est faible,
mais respirable !

Des sourires naissent
sur les lèvres alors que les données
continuent d'apparaître.

La planète-refuge tourne
autour d'une étoile unique
et possède un seul satellite
– comme la planète-mère,
pense le garçon. Elle est composée
de cinq continents principaux
et de cinq océans,
la mer couvrant 70 % de sa surface.
On y trouve près de
930 milliards d'espèces vivantes,
dont une espèce humanoïde
composée de 7,957 milliards
d'individus.

Cette fois, la stupéfaction et la joie explosent dans le poste de pilotage. Cette planète est non seulement habitable, mais habitée ! La présence de diverses formes de vie sur son sol est, en soi, une nouvelle prodigieuse. Mais celle d'une espèce humanoïde l'est plus encore, car elle apporte aux enfants la preuve qu'ils pourront eux-mêmes y survivre.

« Contact dans quatre jours », conclut l'ordinateur.

4

Il est étrange d'être impatient quand on vient d'être tiré d'un sommeil artificiel de plus de trois mille ans. Et pourtant c'est bien ce que ressent le garçon : une folle excitation. Il voudrait déjà être en approche de la planète-refuge, la voir apparaître derrière le hublot.

Lui et ses sept compagnons de voyage sont aujourd'hui capables

de répondre à la question qui,
sur la planète-mère, avait animé
pendant des siècles les scientifiques
et les philosophes de tous les pays :
oui, la vie, sous des formes diverses,
y compris humanoïdes, existe ailleurs
dans l'univers. Mais à des milliards
de milliards de kilomètres
et des milliers d'années de leur point
de départ, ils n'ont malheureusement
personne avec qui partager
cette stupéfiante nouvelle.

Même pas les enfants
des neuf autres vaisseaux de la mission.

Où sont-ils à l'heure actuelle ?
Encore inconscients, en route

vers l'inconnu ? Certains ont-ils,
il y a six mois, deux ans
ou deux mille ans, rencontré
une autre planète habitée ailleurs
dans cette galaxie ou dans une autre ?
Y ont-ils trouvé refuge ?
Y sont-ils devenus adultes ?
Sont-ils parvenus à y perpétuer
leur espèce comme le prévoit
leur mission ?...

Le garçon pense à sa mère.

Elle était l'une
des plus grandes scientifiques
de son temps et avait participé
à quatre missions spatiales
vers les trois planètes les plus proches

de leur système stellaire.
Elle était persuadée que la vie
était partout dans l'univers,
sous des formes
plus ou moins identiques
à celles présentes
sur la planète-mère : bactéries,
insectes, plantes, oiseaux, poissons,
reptiles, humains… Rejetant
toutes les religions qui s'affrontaient
sur le sujet, et s'opposant
à de nombreux autres scientifiques
qui ne partageaient pas ses théories,
elle estimait que l'apparition de la vie
n'est pas le fruit
d'une quelconque volonté

ni d'un miracle unique, mais celui d'une éclosion naturelle et spontanée dès qu'un milieu lui est favorable.

Le garçon se souvient de ses mots : « Une planète à la bonne distance d'une étoile, pour avoir la bonne température, de l'eau, de l'oxygène, entre autres, et hop, la vie apparaît ! Alors imagine… Tous les points dans le ciel, la nuit, ce sont les étoiles de notre galaxie. Il y en a un nombre incalculable. Sur le lot, la majorité sans doute est entourée de planètes qui tournent autour.

Plusieurs planètes pour chaque étoile,
rien que dans notre galaxie.
Or des galaxies, il y en a aussi
un nombre incalculable. Et des amas
de galaxies, des amas d'amas
de galaxies !... Et on voudrait
me faire croire qu'il n'y aurait
que notre planète
sur laquelle serait apparu le vivant !
C'est statistiquement impossible !...
La vie est partout, j'en suis certaine.
Simplement, les distances
sont trop grandes
d'une étoile à une autre
pour qu'un contact soit possible. »

Le garçon voudrait tant pouvoir lui dire qu'elle avait raison !

Il voudrait aussi qu'elle le serre dans ses bras. Sentir la chaleur de sa peau. Retrouver son parfum. Entendre le timbre de sa voix, qu'il redoute d'oublier bientôt.

5

Les jours qui suivent
sont intégralement consacrés
à la préparation du contact
avec le nouveau monde. Répétitions
des différentes phases du protocole
d'approche, entraînement physique
et mental, vérifications techniques
du module autonome…

Les enfants sont concentrés
et tendus. Ils n'échangent

presque pas, ni verbalement
ni par télépathie.

À H –12, chacun, dans le vaisseau, éprouve le besoin de s'isoler.

Le garçon coupe même l'accès de l'ordinateur de bord à ses pensées pour mieux se recueillir.

Il se sent plein de sa mission, de l'engagement pris vis-à-vis des siens et de l'ensemble des populations de son ancien monde. Il ressent en lui la force que lui a communiquée sa mère la veille de son départ quand, émue, elle l'a serré contre elle et, à l'oreille, lui a murmuré

« Je t'aime mon chéri, mon fils, ma fierté, mon espoir… »

Il est confiant, même si l'imminence du contact à venir avec l'espèce humanoïde de la planète-refuge ne va pas sans inquiétude. Car comment savoir si les populations de ce monde inconnu vont accueillir pacifiquement ces huit enfants venus du fin fond de l'espace ?… Vont-ils les écouter, les accepter, les comprendre ? Que savent-ils de la diversité de la vie dans l'univers ? Seront-ils heureux ou affolés par cette rencontre ?

Se pensent-ils uniques
comme la majorité des habitants
de la planète-mère était persuadée
de l'être il y a plus de
trois mille sept cents ans ?...

H –5

Le garçon se reconnecte,
sort de sa cabine et s'installe,
aux côtés des sept autres enfants,
face au large hublot de la salle
de contrôle. Sa respiration est forte
et courte à la fois.
Son ventre est noué.

Il se demande combien
de langues différentes sont parlées

sur la planète-refuge,
et l'ordinateur
lui indique aussitôt
le nombre de 6 978.

Quelle est l'année en cours
sur cette planète ? L'ordinateur
répond que 2020 est l'année
la plus partagée sur la planète-refuge,
mais qu'elle est loin d'être
le repère temporel
de toutes les populations humanoïdes.
De plus, elle n'a aucun sens
d'un point de vue géologique.

Quand l'ordinateur annonce enfin
« Contact visuel imminent »,

tous retiennent leur respiration.

Trnill, qui se tient juste à côté
du garçon, se fait alors la réflexion
que depuis sa sortie de cryogénisation,
elle n'a pas une seule fois pensé
à s'informer sur le nom
de cette planète-refuge qui,
si leur mission est un succès,
sera peut-être bientôt
« leur » planète.

L'ordinateur indique aussitôt
qu'elle a de nombreux noms,
qui diffèrent selon les populations,
mais que le plus répandu
sur l'ensemble
de ses continents habités est

« La Terre ».

La Terre ? répète mentalement le garçon. Quel drôle de nom…

Et soudain elle est là.

6

Une bulle, se dit le garçon, exalté.

Une bulle de couleur et de vie perdue dans le noir infini de l'espace.
Un bijou bleu, très bleu.
D'un bleu si intense qu'il gonfle le cœur.
« Bleu comme l'espoir », pense le garçon, lui-même surpris par ses mots.

Une planète bleue
mais aussi marron, verte,
avec de vastes nuées blanches.

Très différente de la planète-mère, mais
aussi belle. Aussi belle
et aussi fragile. Incroyablement belle
et incroyablement fragile
dans son écrin atmosphérique,
si frêle bouclier translucide.
Immense et dérisoire
après 3 789 années de voyage
à travers le néant.

Un trésor.

7

H_{-1}

Le vaisseau ralentit et entame
les manœuvres de mise en orbite.

La planète bleue occupe
maintenant les trois quarts du hublot,
cachant bientôt son étoile,
dont l'ordinateur indique le nom
aux enfants : « Le Soleil ».

Le vaisseau passe dans l'ombre
de La Terre,

dont l'atmosphère s'efface,
révélant à la surface
des continents plongés dans la nuit
des millions de points lumineux
qui forment villes, routes et pays.
Alors, en même temps
que ses compagnes
et ses compagnons d'exil,
le garçon se demande,
comme l'on fait une prière,
si les habitants de La Terre,
quel que soit leur nom – Terrons,
Terriers, Terriens, Terriennes
ou Terroises ?... – ont su,
mieux que ceux de la planète-mère,
prendre soin de leur monde.

Des fiches pédagogiques à votre disposition

À télécharger gratuitement, ces outils donneront aux professionnels des pistes pour travailler différents titres de la collection, en primaire comme au collège.

PETITEPOCHE.FR un site internet participatif

Chacun est invité à partager son expérience professionnelle en nous faisant parvenir des documents qui seront accessibles en ligne.

À très bientôt
sur le site **PETITEPOCHE.FR** !

CET OUVRAGE A ÉTÉ ACHEVÉ D'IMPRIMER
EN PENSANT À DEMAIN
POUR LE COMPTE
DES ÉDITIONS THIERRY MAGNIER
PAR PBTISK (RÉPUBLIQUE TCHÈQUE)
EN FÉVRIER 2020
DÉPÔT LÉGAL : MARS 2020